RECUEIL
DE POÉSIES,

PAR M. LOUIS FABRE,

Professeur au Collége de Perpignan

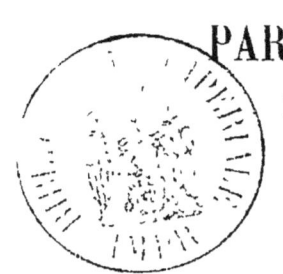

EXTRAIT

DU DIXIEME VOLUME DE LA SOCIÉTÉ AGRICOLE, SCIENTIFIQUE ET LITTÉRAIRE
DES PYRÉNÉES-ORIENTALES.

PERPIGNAN.
IMPRIMERIE DE J.-B. ALZINE,
Rue des Trois-Rois, 1.
1856.

SAINT-MARTIN DE CANIGÓ[*].

LÉGENDE DU XIe SIÈCLE.

Le titre de légende que je donne à cet opuscule, indique assez que je n'admets pas, comme entièrement vrai, ce que Tomic, et Bosch après lui, ont écrit sur l'origine du cloître Saint-Martin. En effet, les savantes recherches de MM. de Saint-Malo et Puiggary sur le vieux Roussillon, le Conflent et la Cerdagne, ainsi que les ingénieuses notices qu'ils ont publiées sur ces provinces, prouvent jusqu'à la dernière évidence que les chroniqueurs ont ajouté à la simple vérité historique, pour rendre sans doute leurs récits plus intéressants. Après cet aveu, je ferai observer que la poésie vit de fictions : c'est une vérité de tout temps reconnue. Trouvant dans la légende de Saint-Martin de Canigó le sujet d'une pièce de vers, j'ai cru pouvoir me montrer moins scrupuleux que les critiques consciencieux dont je respecte l'esprit et le savoir. J'ai voulu contribuer à varier cette séance : c'est l'unique but que je me suis proposé.

[*] Cette pièce a été lue, le 31 mai 1852, dans une séance publique de la Société.

I.

Au cœur du Canigó, de ces rocs escarpés,
Par la neige blanchis, par la foudre frappés,
S'élèvent, sur les bords d'un effroyable abîme,
Les ruines d'un cloître... Expiant un grand crime,
Un farouche guerrier l'avait, dit-on, construit.
Puis il s'y renferma loin du monde et du bruit,
En attendant la mort et le moment terrible,
Où Dieu, l'interrogeant d'un regard inflexible,
Déclarerait, enfin, si l'expiation
L'avait pu racheter de la damnation ;
Mais de quel noir forfait était-il donc coupable?
Écoutez et jugez?...

II.

En ce temps déplorable,
Où Comtes et Marquis, Arabes et Normands,
Chevaliers, Suzerains, Chrétiens et Musulmans,
Se portant tour-à-tour, ou repoussant la guerre,
Parcouraient, désolaient, ensanglantaient la terre,
Le Conflent, la Cerdagne avaient pour souverain
Guiffre-le-Belliqueux, comte fier et hautain.
Après avoir vaincu, réduit même au silence
Tous ceux des grands vassaux qui bravèrent sa lance,
Il jouissait en paix du prix de sa valeur ;
Mais il avait promis, s'il revenait vainqueur,
D'accomplir dans l'année un saint pèlerinage,
En un cloître fameux sur un autre rivage.
Il prenait le bourdon, quand survient, tout poudreux,
Un courrier annonçant qu'en bataillons nombreux,
Les Mores, descendus des sommets de l'Albère,
Ravagent, passent tout au fil du cimeterre.
A ces mots, de fureur le Comte transporté,
S'est écrié : Marchons !... Mais, ô fatalité !
A son esprit revient sa pieuse promesse ;
Il baisse les regards, où se peint la détresse.

Bientôt il les relève... Appelant son neveu :
Alfred ! imprudemment, dit-il, j'ai fait un vœu,
Et je dois l'accomplir : ma foi me le commande.
Je pars !... De mes guerriers réunis chaque bande,
Et marche à l'ennemi !... Jusques à mon retour
Observe tous ses pas, veille bien nuit et jour ;
Mais ne l'attaque point en bataille rangée ;
Exprès je le défends... Ma parole outragée
Serait, sois en bien sûr, l'arrêt de ton trépas.
Tu me connais, je pars, et tu me reverras
Quand dix fois le soleil aura dissipé l'ombre.
Des Sarrasins alors, ah ! quel que soit le nombre,
Aucun ne reviendra sous le ciel catalan.
Il s'éloigne à ces mots ; et, d'un rapide élan,
Dans la poudre se perd derrière la montagne.

III.

Cependant son neveu, parcourant la campagne,
Arbore en vingt manoirs l'étendard de la croix.
A ce signal sacré se lèvent à la fois,
Chacun avec transport déployant sa bannière,
Le Conflent, le Capcir et la Cerdagne entière.
Alfred nomme les chefs de chaque bataillon,
Les réunit, leur parle, et court en Roussillon.
Du Conflent montagneux on atteint la limite.
Là, dans l'inaction par le Comte prescrite,
Le jeune chef se tient, et voit avec dépit
Les Mores tout brûler sans trêve ni répit.
O fureur ! il les voit, accourant en tumulte,
Venir lui prodiguer la menace et l'insulte.
Il les voit et frémit... Depuis huit jours entiers
Avec peine il retient l'élan de ses guerriers,
Quand un More s'approche, et hideux d'insolence
L'appelle, le défie à la dague, à la lance,
Et traite son repos d'infâme lâcheté.
C'en est trop, crie Alfred ! tant de témérité
Doit recevoir enfin le prix qu'elle mérite !
Se tournant vers les siens : Soldats, guerriers d'élite !

Dit-il, dont je gémis d'enchaîner la valeur,
Vous êtes, comme moi, pénétrés de douleur,
En voyant qu'un barbare ainsi nous brave en face,
Je vais en un instant châtier son audace ;
Soyez de ce combat impassibles témoins ;
C'est cruel, mais de vous je n'espère pas moins.
Contre le Sarrasin, à ces mots, il s'élance,
Et fait en mille éclats d'abord voler sa lance.
Le barbare fuyait, lorsque de tous côtés
Ses nombreux compagnons, à coups précipités,
Fondent sur les Chrétiens... Une mêlée affreuse
S'engage, et la victoire erre long-temps douteuse :
Mais que peut la valeur contre la trahison ?
Sur les flancs des Chrétiens du bout de l'horizon
Accourt de Musulmans une troupe nouvelle.
Comme les siens Alfred et se trouble et chancelle :
Tout se disperse enfin, et l'Arabe insolent
Plante son étentard sur le sol du Conflent.

IV.

Aux lueurs, cependant, de la dixième aurore,
L'univers se réveille et le ciel se colore.
Quel est ce cavalier que le jour renaissant
Nous montre, l'œil en feu, le geste menaçant!
C'est le Comte, c'est lui, qui, de combats avide,
A dépouillé le froc pour être plus rapide.
Il arrive!... A l'entour (jugez de ses transports!)
Il voit le sol couvert de débris et de morts ;
Et plus loin, la clarté, qui grandit, lui révèle
Les pavillons, le camp, les cris de l'Infidèle.
Le traître a combattu, dit-il avec douleur!
Où le trouver? s'il vit, malheur à lui!... malheur!
Il s'éloigne, et brûlant d'en découvrir la trace,
Il interroge, il prie, il promet, il menace.
Alfred, dont la frayeur précipite les pas,
Loin d'un oncle irrité, qui ne pardonne pas ;
Qu'il respecte d'ailleurs comme un enfant son père,
Avait atteint déjà, dans sa fuite légère,

Les lieux, où de Castell le tortueux torrent
Dans les eaux de la Tet se jette en murmurant.
A gauche, et dirigé par cette onde rapide,
Vers la source il bondit, comme l'isard timide
Que poursuit de ses traits un chasseur inhumain.
Au pied d'une montagne, où finit tout chemin,
Il arrive... Il apprend qu'au-dessus de sa tête,
Pour être près du ciel, sur une aride crête,
Habite, loin du monde, un serviteur de Dieu.
Il gravit les rochers et parvient au saint lieu ;
Il entre, et se jetant aux genoux de l'ermite :
Mon père ! sauvez-moi, dit-il, par le mérite
Du Christ, pour les humains mourant sur cette croix.
Relevez-vous, mon fils, de sa tremblante voix
Répond à l'étranger le vieux anachorète ;
Innocent ou coupable, en ma pauvre retraite
Vous trouverez repos, aide et protection.
Si vous avez failli, mon intercession,
Vos remords fléchiront la céleste colère,
Et contre tout mortel ce pieux sanctuaire
Sera pour vous, mon fils, un redoutable abri.
Comme il disait ces mots, on entend un grand cri,
Et la porte, en éclats, vole dans l'ermitage...
C'est le Comte qui, l'œil étincelant de rage,
Sur son jeune neveu déjà lève le fer.
Arrête, dit l'ermite, insensé ! que l'enfer
A poussé dans ces lieux ! Arrête et considère
Ton Sauveur et le mien, implorant de son père
Pour ses persécuteurs un généreux pardon.
Tu reçus une offense ? Ah ! fais-en l'abandon,
Et ne repousse pas un vieillard qui t'implore !
Il retenait le fer, il suppliait encore ;
Guiffre, d'un bras nerveux, le renverse... Soudain
S'élance sur Alfred, protégé, mais en vain
Par le signe sacré de la merci divine,
Et traversant la croix qui couvre sa poitrine,
Il lui perce le cœur, et fait jaillir son sang
Sur le faible vieillard, qui, le front menaçant,

Se relève et s'écrie : Infâme! Téméraire!
Rien n'a pu retenir ton horrible colère;
Eh bien! Je te maudis! Guiffre veut le percer...
Il s'arrête, il se trouble, il se sent affaisser
Aux genoux du vieillard, qui, le regard terrible,
Lui montre sa victime et demeure inflexible.
Le Comte voit ce corps, qui déjà se raidit,
Et tombe en s'écriant : Mon Dieu! Je suis maudit!

V.

Un an après ce meurtre, en ce lieu solitaire,
Par ordre du Pontife, un pieux monastère
S'élevait sous le nom de cloître Saint-Martin.
Là, des moines nombreux, priant soir et matin,
Pour le Comte imploraient la divine clémence,
Et lui-même, oubliant son titre et sa puissance,
Ainsi que son épouse, y répandant des pleurs,
Expiait les effets de ses tristes fureurs.
Quand il eut rendu l'âme, une obscure chapelle
Y reçut dans le roc sa dépouille mortelle.
Elle y resta long-temps... Par l'âge ruiné,
Le monastère enfin se vit abandonné;
Et les cendres de Guiffre, imposante relique,
Passèrent à Castell, dans son temple rustique.
Elles y sont encor, et le sombre guerrier,
Dans son sépulcre attend le jugement dernier.

LE NID D'AIGLES,

ANECDOTE HISTORIQUE.

Le vulgaire insensé n'admire que l'éclat.
Des spectacles pompeux, un barbare combat,
Où des milliers de morts ensanglantent la terre,
Le charment seuls... Mais loin des horreurs de la guerre,
Qu'un homme se dévoue à quelque saint devoir,
D'être aperçu du monde a-t-il même l'espoir?
Non. Mais il sait que Dieu, dans sa juste balance,
A toute œuvre là-haut garde sa récompense.
Pour vous, qui chérissez la campagne et les bois,
Vous dont l'âme s'émeut à de pieux exploits,
Franchissez avec moi les champs, où même encore
De l'antique vertu l'humanité s'honore,
Où l'on craint l'Éternel, où l'imposant aspect
D'un mortel chargé d'ans inspire le respect;
Avançons jusqu'au pied de ces pics solitaires,
Où l'aigle et le vautour vont suspendre leurs aires.
Nous y voici... Montons jusqu'à ce haut sapin;
Voyez de ce côté, là-bas, dans le lointain,
N'apercevez-vous pas une pauvre chaumière,
Que le roc sourcilleux abrite tout entière?
C'est l'habitation du bon homme Bernard.
Allons-y... Ses enfants entourent le vieillard,
Étendu sur son lit et gravement malade.
Mais voici le docteur... Mon ancien camarade!

Votre pouls, s'il vous plait; votre langue? C'est bien!
Tenez-vous chaudement, cela ne sera rien,
Dit-il, en tapotant avec sa main la joue
Du vieillard abattu... Puis faisant une moue,
Vers les trois jeunes gens, qui, de crainte muets,
Attendaient du docteur les solennels arrêts,
Il les mène à l'écart... La maladie est grave;
Il pourrait en mourir... Sein haletant, œil cave,
Tout me fait redouter l'accès pernicieux.
D'ailleurs, vous le savez, votre père est bien vieux.
N'importe; donnez-lui douze grains de quinine.
—Mais où donc les trouver?—A la ville voisine.
Cela coûte trois francs, mes braves! Mais doit-on
Épargner quand on voit son père moribond?
Adieu, mes chers enfants, que Dieu vous soit en aide!
Je reviendrai demain voir l'effet du remède.
Il s'éloigne à ces mots. Les frères, à l'instant,
Tiennent conseil entr'eux; et chacun exhibant
Les pièces de billon que renferme sa bourse,
Ils trouvent dix-sept sous; c'est toute leur ressource.
—Que faire, dit alors le plus jeune des trois?
Laisserons-nous ainsi le vieux père aux abois?
Dieu, mon cœur, disent non... Maudit qui leur résiste!
L'autre jour un Monsieur, savant naturaliste,
Me demandait un nid d'aigles ou de vautours,
Au prix de trente francs. Cet utile secours
Sans doute sauverait les jours de notre père.
Eh bien! je l'ai trouvé; du moins mon cœur l'espère.
Hier soir, dans les flancs de ce roc escarpé,
Que nous voyons souvent de la foudre frappé,
A cent mètres du sol disparut à ma vue
Un aigle que j'avais découvert dans la nue;
Puis un autre. Je crois que leurs jeunes aiglons
Sont cachés dans ce roc. Il faut les prendre! Allons!
J'hésitais; car la mort, frères, est presque sûre
Pour quiconque voudra tenter cette aventure;
Mais il s'agit du père et je n'hésite plus.
—Les conseils, dit l'aîné, sont ici superflus;

Mais à moi, le plus vieux, appartient l'entreprise !
—A moi, plutôt à moi ! dit l'autre, l'âme éprise
Des mêmes sentiments.—J'ai trouvé le trésor ;
C'est moi qui dois le prendre, ou bien tirons au sort,
A répondu Germain qui seul savait écrire :
Les deux autres Paul, Jean, pouvaient à peine lire.
Ils acceptent... Soudain le plus jeune saisit
Un brin de saule sec qu'à la flamme il noircit.
Puis d'une vieille carte ayant fait trois parcelles,
Et de chacun des noms marqué chacune d'elles,
Les roule, les confond dans un vieux feutre, et dit :
Le premier nom sortant ira prendre le nid.
On appelle un berger, que le hasard amène.
Il fallait les voir tous retenir leur haleine,
Quand le pâtre, enfonçant et retirant la main,
Leur présente un billet où chacun lit : Germain !
C'était un beau garçon, d'une force athlétique.
Dans sa puissante main il prend un sabre antique,
Arme du vieux Bernard, quand il était dragon,
Pendant les jours heureux du grand Napoléon[1].
Une corde gisait sous le grabat du père,
Elle n'était pas neuve, et servait d'ordinaire
A renverser un chêne ou quelque vieux sapin.
Les autres, doucement la retirent ; soudain
En rajustent les nœuds et la rendent solide
A soutenir un corps balancé dans le vide.
Ils s'approchent tous trois du bon homme Bernard,
Râlant déjà la fièvre, et baisent le vieillard,
Qui s'écrie en pleurant : Vous quittez ma demeure,
O mes fils ! quand je meurs !—Oh ! non, non, dans une heure
Nous te rapporterons la vie et la santé.
Ils s'éloignent alors avec rapidité ;
Mais avant de monter au bord du précipice,
Voulant à leur projet rendre le Ciel propice,
Aux pieds de la Madone, ils vont avec ferveur
Implorer en son nom les grâces du Sauveur.

[1] Variante.—Et parcourait l'Europe avec Napoléon.

Puis, par un long détour ils atteignent la cime
Du pic, berceau de l'aigle au penchant de l'abîme.
Là, d'un œil inquiet, chacun d'eux mesurant
L'horrible précipice, où gronde un noir torrent,
Ils tombent à genoux ; et quand ils ont encore
Prié pour le vieillard dont l'amour les dévore,
Germain est attaché par le milieu du corps.
Ses frères, Paul et Jean, unissant leurs efforts,
Tiendront la corde... Armé du sabre de son père,
Il descend, il descend jusqu'à l'affreux repaire,
Où tout lui fait penser que repose le nid.
Il s'y trouve, en effet... Que Jésus soit béni !
Le jeune homme aperçoit quatre aiglons isabelle,
Quatre charmants aiglons, d'espèce rare et belle ;
Les met sous son bras gauche, et crie : Ils sont à moi !
Mes frères, enlevez !... Ils commencent ; mais quoi !
Sur lui fondent soudain, sortis du sein des nues,
Deux aigles sans pitié, les ailes étendues,
Qui viennent en fureur défendre leurs aiglons,
Et du bruit de leur vol remplissent les vallons.
Du bon fils, à ce coup, toute la force éclate ;
Brandissant d'une main sa redoutable latte,
Et de l'autre appuyant le nid contre son cœur,
Il jure au vieux Bernard de remonter vainqueur.
Oh ! ce fut un combat horrible, épouvantable !
Qu'une muse inspirée, en quelque vaine fable
Invente, je le veux, mille combats divers
Sur la terre livrés, ou même au sein des mers :
Sous ses pieds l'homme encor sent un appui solide ;
Mais, suspendu, lutter, seul, au milieu du vide
Contre deux ennemis qui, dans leur élément,
Ne vous laisseront pas respirer un moment ;
Ah ! c'est ce qu'un mortel peut voir de plus horrible !
Les aigles dans les airs jettent un cri terrible ;
Les aiglons dans leur nid hurlent... Le montagnard
Siffle, agite son glaive, et frappant au hasard,
Tantôt atteint le roc et tantôt le plumage
Des aigles, que transporte une nouvelle rage.

Déjà du ravisseur ils dispersent dans l'air
Les habits en lambeaux et découvrent la chair.
Mais lui, monte toujours, et toujours les repousse,
Quand un ébranlement, une affreuse secousse
Lui fait lever les yeux... O douleur! O revers!
En agitant sa latte, il avait d'un revers
Largement entamé la corde qui l'enlève.
Il les ferme aussitôt!... Dans un funeste rêve,
Avez-vous cru tomber d'un toit ou d'un clocher,
Sans trouver dans les airs rien pour vous accrocher?
Tel fut alors Germain... Il balance, il frissonne,
Ruisselant de sueur, sa force l'abandonne.
Il est près de lâcher son sabre et son butin :
Mon père mourra donc; hélas! c'est trop certain,
Dit-il. En même temps un aigle avec furie
S'abattait sur sa tête... En invoquant Marie
Germain reprend courage. Il frappe, il frappe encor,
Et d'un bras convulsif il serre son trésor.
Un seul effort, un seul! lui criaient ses deux frères.
Ranimé, transporté, par ces deux voix si chères,
Il porte un dernier coup, et dans l'affreux torrent
Précipite avec bruit son ennemi mourant;
L'autre veut le venger et roule dans l'abîme,
Tandis que du rocher Germain atteint la cime.
Notre frère! O héros! Arrive dans nos bras!
Exclament Paul et Jean, mais Germain n'entend pas.
Ce périlleux combat, ces coups, tant d'énergie,
Avaient presque épuisé ce qu'il avait de vie.
Il tombe sur le roc privé de sentiment.
On le relève... O Ciel! quel affreux changement!
Il avait les cheveux du plus beau noir d'ébène;
Ils sont devenus blancs... Reconnaissable à peine,
Ce n'est plus qu'un vieillard! N'importe, il vit encor.
Les aiglons sont charmants et valent un peu d'or!
On les prend, on s'empresse, on les porte à la ville :
Bernard prend le remède et paraît plus tranquille;
Et le brave docteur, aussitôt arrivé,
Dit : C'est bien mes amis, votre père est sauvé!

LA DINDE,

ANECDOTE HISTORIQUE

> « La noblesse, Dangeau, n'est point une chimère,
> « Quand sous l'étroite loi d'une vertu sévère,
> « Un homme, issu d'un sang fécond en demi-Dieux,
> « Suit, comme toi, la trace où marchaient ses aïeux. »
> (Boileau.)

J'approuve fort notre grand satirique :
C'est quelque chose, en effet, qu'un beau nom ;
Mais quand avec cette heureuse relique
On est humain, juste, vaillant et bon,
Lorsqu'en un mot on s'anoblit soi-même ;
Car si toujours on voulait remonter
A l'origine, au sens de chaque emblême,
On trouverait, gardez-vous d'en douter,
Que bien souvent ces belles armoiries,
Que nous voyons en cent lieux éclater,
Furent le prix de quelques jongleries,
Témoin le fait que je vais raconter :

Qui d'entre nous du bon prince Henri quatre
Ne frédonna le vieux et gai refrain,
Où l'on apprend qu'il savait bien se battre,
Aimait à rire et sablait le bon vin.
A ce sujet écoutez une histoire
Que nous transmit Tallement des Réaux :

Huit jours avant la célèbre victoire,
Qu'aux champs d'Ivry remporta le héros
Sur les soldats que soudoyait la Ligue,
Après midi, dans les murs d'Alençon
Il entre seul, harassé de fatigue,
Sans se nommer, et court à la maison
De l'un des chefs de sa royale armée,
Alors absent. La dame du logis
A son aspect est d'adord alarmée,
Et sur le point de jeter les hauts cris ;
Car elle craint, en voyant la poussière
Et la sueur qui couvrent l'étranger,
Que son époux n'ait quitté la lumière,
Ou qu'il ne coure un imminent danger.
Rassurez-vous, bannissez vos alarmes,
Lui dit le Prince, en voyant son effroi,
Votre mari, mon noble frère d'armes,
En ce moment se trouve au camp du Roi.
Nous nous donnions le plaisir de la chasse,
Dans la forêt j'ai perdu mon chemin,
Et suis venu vous demander en grâce
De m'héberger chez vous jusqu'à demain.
—Bien volontiers ! De sa frayeur remise,
Dit-elle au Roi, qu'elle ne connaît pas,
Le fait entrer, l'installe, et sans remise
Songe et se livre aux apprêts du repas ;
En mouvement met tous ses domestiques.
Chacun va, vient et court de tous côtés ;
Ils ont beau voir et marchés et boutiques,
Rien nulle part. Confus, déconcertés,
Ils rentrent tous... Aussitôt la maîtresse
Se met en quête, et comme eux vainement.
Le bon Henri remarque sa détresse :
Madame, en vous, dit-il, quel changement !
Plus la nuit vient, plus sur votre visage
Je vois d'ennui... Vous serais-je importun ?
S'il était vrai, sans tarder davantage
Je partirais, bien que je sois à jeun.

—Oh! non, restez, Monsieur, je vous en prie;
Mais apprenez quel est mon embarras :
Le jeudi soir, ma pieuse patrie,
De nos pays est un des plus ingrats
Pour se pourvoir. Ni gibier, ni volaille
N'est au marché... J'y suis allée en vain.
J'avais pourtant cru faire une trouvaille;
Mais à quel prix! Le dirai-je? Un voisin
Vient de plumer une dinde assez tendre,
Qu'il cèdera, mais à condition,
Sans quoi, dit-il, il ne veut rien entendre,
Qu'il en viendra manger sa portion,
Et je ne puis l'admettre à votre table...
—Et pourquoi pas! s'il est bon compagnon,
S'il est honnête et d'humeur agréable,
S'il veut venir, pourquoi lui dire, non?
Mais quel est donc, enfin, ce personnage?
—Un gros gaillard, assez riche artisan,
Bon homme au fond, qui dans le voisinage
Met tout en train... Il en est le plaisant.
—Qu'il vienne donc! sans doute, il fera rire.
Dans notre espoir devrait-il nous tromper,
Qu'il vienne encor! car aujourd'hui le pire
Pour moi serait un gîte sans souper.
Notre artisan est averti sur l'heure.
Endimanché, composant tous ses pas,
Bientôt après, il sort de sa demeure,
Joyeux, avec sa dinde sous le bras.
Il se présente au logis de la dame,
Le feutre en main, serré contre son cœur,
Comme un amant qui déclare sa flamme,
Et dit : Je suis votre humble serviteur.
—Et moi, le vôtre, a répondu le Prince
En souriant; qu'apportez-vous enfin?
—Ce qu'on peut voir de mieux dans la province :
Regardez donc! Comme c'est gras et fin!
J'en fis l'achat au marché de Falaise...
Voyez encor, c'est un morceau de Roi;

Aussi, Monsieur, et ne vous en déplaise,
Je comptais bien qu'elle serait pour moi.
Mais je n'ai pu refuser à Madame,
Me réservant d'en savourer ma part.
Alerte donc ! Et devant cette flamme
Que Madelon nous montre tout son art !
Elle obéit ; mais tandis que la broche
Fait son office et qu'on met le couvert,
Dans un fauteuil, que du Prince il approche,
Notre artisan s'installe, et l'œil ouvert
Sur le foyer où la dinde s'agite,
Tient cent propos pleins de naïveté,
Parle du Roi, de la Ligue et débite
Tout ce qu'en dit, en pense la cité ;
Le tout avec cet esprit que l'étude
Ne donne pas, que l'on reçoit souvent
De la nature, et qu'on perd d'habitude
En cherchant trop à paraître savant.
Bref, l'artisan parvient à faire rire
Le bon Roi qui, malgré sa rude faim
Patiemment attendit sans mot dire
Qu'à ses apprêts son hôtesse eût mis fin.
Alors entr'eux commence la bataille ;
Fourchette au poing, de l'autre un coutelas,
Notre luron et d'estoc et de taille
S'escrime tant que sans lasser son bras
Il a bientôt taillé la dinde en pièces ;
Puis galamment il en offre un quartier
A sa voisine avec cent politesses,
Un autre au Prince, et se sert le dernier.
Il fallait voir le vaillant personnage
Recommencer, sans perdre un coup de dent,
A discourir, et, de son voisinage
Leur raconter chaque tendre accident,
Comme Sancho, d'une belle sentence
Assaisonnant tous les contes qu'il fait.
Le bon Henri, que forçait au silence
Notre artisan, dont la voix triomphait,

N'en éclatait pas moins de ce franc-rire,
Si rarement connu des souverains,
Dont la gaîté, brillant masque de cire,
Couvre souvent les plus sombres chagrins.
Le Béarnais et sa brave compagne,
Ayant enfin calmé leur appétit,
Et savouré la mousse du champagne,
S'étaient levés sans que l'autre eût tout dit,
Quand tout-à-coup aux genoux du Monarque
Il vient tomber... Sire, pardonnez-moi !
Devant ma porte, à bien plus d'une marque,
Quand vous passiez, j'ai reconnu mon Roi !
J'ai cru devoir tout cacher à Madame,
Je n'ai voulu que vous distraire un peu ;
Or de sa part un scrupule, un seul blâme,
M'aurait rendu moins plaisant dans mon jeu ;
Mais à vos pieds elle-même se jette,
Pour vous prier d'excuser son erreur,
Et si je suis assez bon interprète
Des sentiments qui pénètrent son cœur,
Sire, daignez rassurer notre hôtesse.
— La rassurer ? Ah ! plutôt, dit le Roi,
Relevez-vous ! Et croyez que sans cesse,
J'aurai présents, j'en puis donner ma foi,
Vos soins, Madame, et ce joyeux compère.
Mais pourquoi donc rester à mes genoux ?
Relève-toi !... — Pardon, Sire, j'espère,
Que vous voudrez, de votre honneur jaloux,
Entendre encor ce que j'aurais à dire.
— Eh ! parle donc !... — La gloire de mon Roi
Fut, de tout temps, chère à mon âme, Sire ;
Elle perdrait, et j'en frémis d'effroi,
Dans l'avenir, quelque peu de son lustre,
Si l'on savait qu'un faquin tel que moi
A pu s'asseoir à votre table illustre.
Pour prévenir ce malheur, je ne voi
Qu'un seul moyen... — Que veux-tu dire ? Qu'est-ce ?
— C'est qu'à l'instant vous soyez assez bon

Pour m'accorder des lettres de noblesse.
—Qui, noble, toi? — Mais, Sire, pourquoi non?
J'aime mon Prince, et déteste la Ligue,
Qui tombera sous votre bras puissant.
Puis, comme vous, en horreur j'ai l'intrigue.
—Soit, je le veux. Oui, ce sera plaisant.
Je t'anoblis... Mais quelles armoiries
Prendras-tu donc? — Ma dinde, Monseigneur ;
Elle m'a fait, parlant sans railleries,
Pour la choisir, j'espère, assez d'honneur.
—Ventre saint gris, tu seras gentilhomme ;
Mais souviens-toi, c'est le point principal
De l'arrêté par lequel je te nomme,
Que tu devras porter ta dinde en pal.
Ainsi fut fait... Depuis cette aventure,
Notre homme qui, parmi les gens aisés,
Comptait déjà, fut, changeant de nature,
Noble, aussi bien que les fils des Croisés.
Comblant, enfin, tant de plaisanteries,
Il fit l'achat d'un manoir ruiné,
Le rétablit, et, dans ses armoiries,
Transmit sa dinde à chaque premier-né.

www.ingramcontent.com/pod-product-compliance
Lightning Source LLC
Chambersburg PA
CBHW071436060426
42450CB00009BA/2196